caracol é uma casa que se anda,

LUCIMAR BELLO

EDITORA
Labrador

Copyright © 2022 de Lucimar Bello
Todos os direitos desta edição reservados à Editora Labrador.

**Coordenação editorial**
Pamela Oliveira

**Assistência Editorial**
Leticia Oliveira

**Projeto gráfico e diagramação**
Antonio Kehl
Lucimar Bello

**Capa**
Amanda Chagas

**Revisão**
Luis Fernando Pereira
Jorge Antônio Pereira da Silva

**Imagens de capa**
Lucimar Bello

**Imagens de miolo**
Pixabay e da autora

---

Dados Internacionais de Catalogação na Publicação (CIP)
Angelica Ilacqua – CRB-8/7057

Bello, Lucimar
  Caracol é uma casa que se anda / Lucimar Bello. – 2. ed. – São Paulo : Labrador, 2022.
  64 p. : il.

ISBN: 978-65-5625-260-5

1. Poesia brasileira I. Título

22-4114                                                    CDD B869.1

Índice para catálogo sistemático:
1. Poesia brasileira

EDITORA
Labrador

---

**Editora Labrador**
Diretor editorial: Daniel Pinsky
Rua Dr. José Elias, 520 — Alto da Lapa
São Paulo/SP — 05083-030
Telefone: +55 (11) 3641-7446
contato@editoralabrador.com.br
www.editoralabrador.com.br
facebook.com/editoralabrador
instagram.com/editoralabrador

A reprodução de qualquer parte desta obra é ilegal e configura uma apropriação indevida dos direitos intelectuais e patrimoniais da autora.

A editora não é responsável pelo aconteúdo deste livro.

*E, de qualquer forma, às cegas, às tontas,
tenho feito o que acredito,
do jeito talvez torto que sei fazer.*
Caio Fernando Abreu

gratidão a Marcelino Freire.

I

a casa e o telhado. o telhado a casa e   eu
somospregados
moro de fora   no telhado sentada
pernas abertas encaixadas.   no ápice.
juntaram fiéis poucodevotos, levaram para a itália século XII
dizem ser uma casa sagrada de loreto.   lorota.

sem casadentro   casafora vivo
se ando carrego sem asas   a casa e   o menino filho
se fico   a casavaza   vontades dentrodentro
nunca entro   fora fico.

venerada por cinquenta papas
transportada da dalmácia para loreto
dezesseis cavaleiros medida a medida
a casa na palestina   mediram.

vive dentro do relicário de bramante.
monges recolhem poeiras milagrosas.   vendiam.
a casa viaja ares   protege avião-dores   agita areias.

a casa e o telhado. o telhado a casa e   eu na nuvemsentada
fincada   chaminé no fundo   cruz na frente
casa capela estreita   profana.
se puder entrar   uma escada escotilha espera
ao passar a portafecha   vira chão   dela escapo,

## II

a casa pequena    nada giganta
largura um metro e meio    altura meio metro    nada cabe,
duas janelas nunca abertas.

o chãonuvens    guardado por anjoschifres    devora passantes.

carrego a criança    do ventre fora.
moro na casa das almas    no porto. nela não aporto.
paredes paisagens azulejos    passagens d'azuis colônias,
fora nas nuvens fico.    mãe das perdas nada perdidas,

o assoalho em pé carrega a poeira dos amados
L I, poeta.    amante    fogo-fátuo
W E S, artista.    amante    duros olhos
J U, homulher.    amantes    descolados
penetração ausência    acasalados nada.

loreto. dalmácia. palestina. síria.
casas acasos cidades.    bramantes bramando prazeres.

relicários    casassangrentas    semsegredos.

a casa nada giganta    os três amores    o menino    e eu
nas casas sem gentes    casas, nem pentes,
   coroas nas cabeças cravadas,
   portas chãos escapes do fora    nadadentro
   janelas tampas vísceras    e eu nelas    ainda,

III

a casa da morte     e a praia.   a praia    o menino sírio    e eu
somos atados     cochilo sem sereno    sempulso
moro n'areia     deitada    na casamorta.
o corpo ceifado vaza mar imenso sem rio
largado refúgio sem utopia de riso
da síria corposnegados.

a casa o telhado e a cova.   a cova a casa     a mortecruenta
areias nadanuvens
de bruços    vida encolhida
casa largura    metros metros metros
segredos enterros nus
rei sem trono    densos diabos soltos,

moro de fora    na areia semrumo.  a casa o menino    e eu
fora no mundo    finco.    fico.
relicários fugidios bramam
berro mundosvivos.   fina finca.

a casa acolhe semvida    o corpo criança crua
a areia recolhe a vida somente massa
moro fora do mundo    de foravivo.
nunca entro      fora fico.
carrego a criança menino    ventania afora,

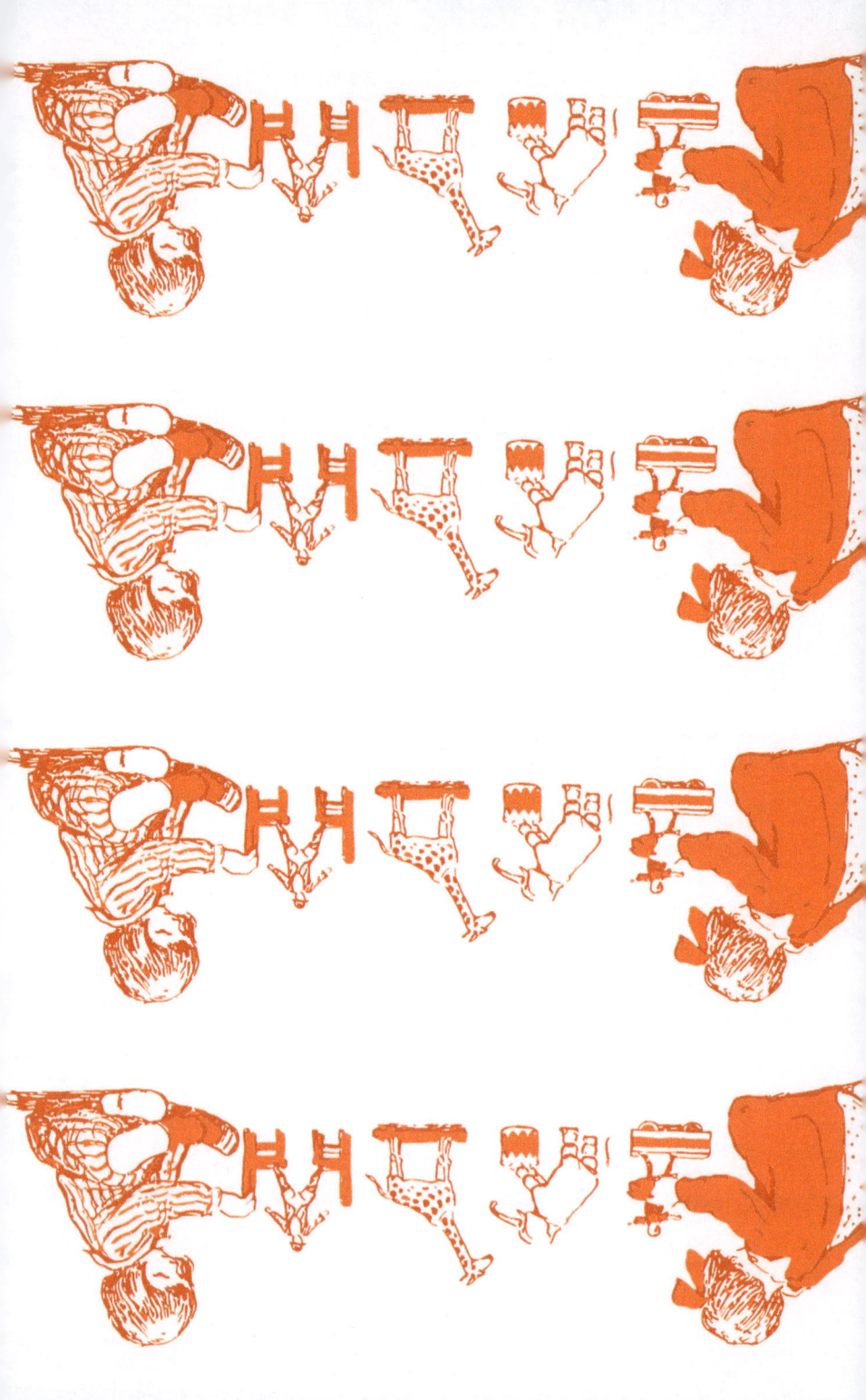

IV

sem fagulhas d'alegria
nem faíscas de verão,
sem espinhasjuvenis
sempalavras   desenhos desviados

sem sétimo dia.

infância devorada
mistério retalhos
mergulho enigmas
beijo cadáver   unguento desvirado

criança sem manto de verdura
ave extraviada
sem língua de brincar
coisanada.

histórias arriscadas   semtraços
raiz arrancada         semviagens
infância desmanche     semquintais
brinquedos podas       semprimaveras
tagarelice desgaste        semporquês,

V

a casa sem telhado   a casa carne. a carne a casa   e eu
somoscoladas
a sala móveiscobertos   carne carne carnesnuas
vermelha   vermelhonas
avermelham gordos pedaços.

o quartocama     carne
o sofásentado    nas carnes
o fogãofogo      das carnes
o banheiro       come as carnes
das prateleiras dos fundos   as carnes escorrem
os pulmões  os miolos  os fígados  os rins   sem orações.

da tv   a carne vomita
dos lençóis   as carnes lambem
de corpos    a casa carne era,

a casa sem telhado   sem o menino   a casa ceifada
    d'areias    a casa das almas
        pequena nada gigante    a casa miúda
    carne mais nada.    ainda,

# VI

a casa e a cabeça.   a cabeça da Jô   a casa    e eu
a casa sem pai    sem mãe
antiga sim   sem dinheiro    sem restauro
sem aluguel pago    sem emprego    sem endereço
casa sem pessoas.   isolada
sem casa    na terra mendiga.

casa morta de mãe
escaneia corpos ocos.
sem porta de gente
morada    sem gosto de morar.

casa de trabalho sem raiz semgrude sem molejo.

a vida da casa esmolada
de amante protetor    sedutor    sempagar
casa de periferia abusada
nela    abusa.

casa sem ensino médio    de saberes supletivos
     sem beira    de mais ninguém
sem horário    sem comes    sem bebes
casa de nozes    sem dentes
senzala de senhor não abolido    semrespiro.
     sem engatinhar.    ventança.    ventosa.
casa sem desmame,    sem fantasia de matar,

## VII

a casa travessias   a trasvestida   e eu.
casa sem travessas     sem sonhos     sem banhos
sem bater panelas    sem profanos    sem desnudos
casa mar de gentes montes.    sem travessuras.

casa de bichos brancos    de gravetos nada mansos
pedras pessoas andantes     sem nada de antes
pesos pesados apessoados
caminhos d'águas     céus intrigas
muitas pedras no meio do caminho
no meio do caminho tinha uma pedra
pessoas pedradas.    pedras em pé.

sem destino   sem estima    sem sinal
vozerios apagados de rio, sem risos
escutas negadas de muitos, sem ouvidos
pedra corpo  nolombo  nacarne  nas entranhas

a casa desatravessada      e eu nela,
sustento negado    grito soterrado.
   a casa e o telhado    a pequena nada gigante,
          a da morte e a praia   a sem telhado,
   a casa e a cabeça da Jô
           o corpo a cova travessias,
   corpos     coveiros sem fiapos,

## VIII

a casa e as quatro rodasrodando rodando   e eu
no carro enfiada    atolada    trancafiada.

encontro o vendedor de sapatos   me sapateia    na curva
o vendedor de crochês da mulher   atormenta   sem linha
encontro o fazedor de vitrais de pedras    fala fala
encontro senhor lê   vomita letras sem tempo de palavra
encontro a almofada da mãezinha finada.    no colo
choro mães    choro meses    choro mãos afagos.

a casa e os carros    caminhos ventos
somosatados    na cidade    filas    viagens
moro dentrofora    de fora fico    sem vingança apartada.

carros pequena coleção    amarelos    montes no painel
apequenam cidades    sem moradas
amarelam olhos    eu neles.
na casacarrostáxis ando    perco horas    pari filhos
de mãe perdida    sem contagem    sem os três amores
L I, poeta
W E S, artista
J U, homulher    poeiras    ventosas,

## IX

a casa e os livros.   os livros a casa come    procuro
a biblioteca real portuguesa me engole
aos goles a casalivros esconde    nada escolhe
guarda    espreita    velha    sem idade
a casa os livros    rios de letras nada lidos.

camadas filas filhos    sem filtro
das letras  dos poemas    das escritas    sem leitura.
sem pilhas de olho agudo
sem petiscos de poema
sem finuras de romance
sem torturas de conto.

casa dos livros
     dos unguentos
     dos mortos
     dos alívios
     dos trespasses.    sem amanso.

a casa    os livros aninhados    e eu,
animados sopros    secos ossos
livros teias afiadas,

# X

a casa enlameada     atola vidas e eu.    lameio barros
de repente a lama casas arrasa
sem asa     sem voo     sem vida pingada
casascidadesterra, casas era,

os urubus encontram corpos     os corpos     e eu
a lama soterra pessoas     pássaros     calangos
a lama soterra cidades     paisagens     cupins
       soterra minas, marianas, espíritos santos, brumandinhos,

a casa lama     sem amor     alarma.
de repente soterrados     na lameira
a casa sem respiros     sem sagrada família
de repente sem sopro sem bafo sem hálito
sem teia     sem luz     sem nascença     sem prurido.

o lamaçal     empoça   recém-paridos
               encharca   idades tenras
               chafurda   peles murchas, cabelos nevados
               enloda   grávidos fetos
o lameiral     cospe   vidas defuntas

de repente ainda anda a onda de lama     aonde,

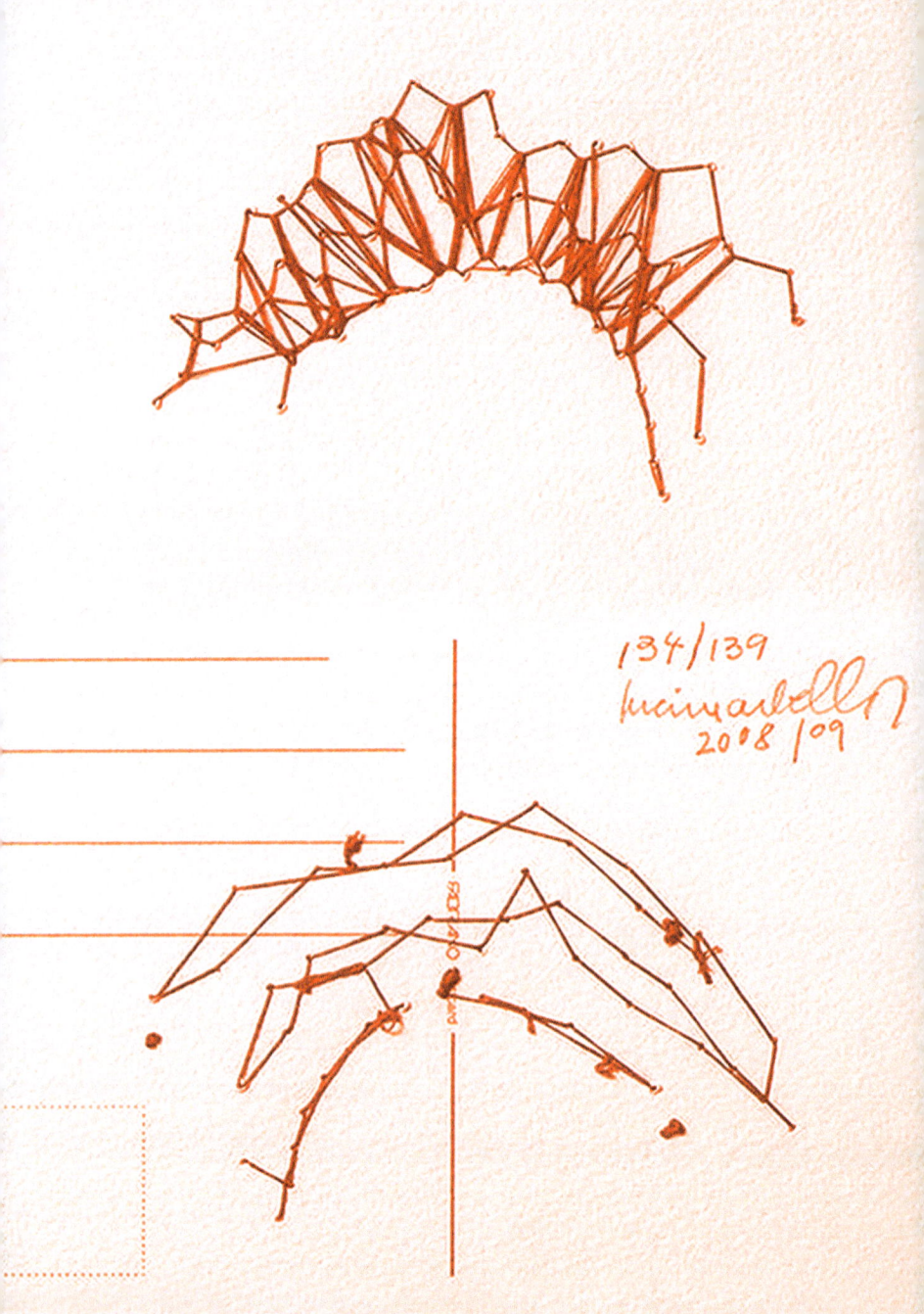

## XI

a casa.   a maleta e eu
na maleta    a casa muda
os desenhos de linhas vermelhas
feitos em papéis beges,
rendam desenhos   detalhes dia a dias
rendam desenhados   em meses meses meses.

viajo.   na maleta    roupas leves   marcadas mãos
livros   canetas   remédios   colares   sabonetes   camisolas
e os desenhos beges   os papéis   os desenhos vermelhos
a viagem   vai volta   volta vai
vem,

chego.   em noites dias    procuro sem achamento
a maleta   sem desenhos    sem linhas    sem papéis,
os desenhos fugidos   os papéis escapados   as linhas escorridas,

na casa a maleta vazia
sem os papéis sem os desenhos sem os vermelhos

sonho.
acordo.
da fenda fina entre a parede e a cama
os desenhos do vão acendem
acordam   da maleta escorregados
na casa    os dedos a artrose ataca,

## XII

a casa   o silêncio   a toalha xadrez e     eu miúda.
moída.   mudara dezoito casas.   nem perto,
a casa   arruma   ajeita   vela   guarda   espraia
os tecidos bordam mentiras     eu nas linhas

o atoalhado de mesa espera pontos agulhas cruzes
dois mil e treze,     escondido,
a toalha bordara    dias domingos janeiros
dois mil e dezesseis     achada,
a casa   a toalha escapa   sem marcas   sem palavras
a toalha na casa transborda leitos     sem suor
sem prato nem comida     sem travessias lavadas
sem cozinha nem pranto    sem gordura    sem caldas,

o bordado azul branco azulejos
borda um quadrado azul, deixa o branco livre
inverte colônias lonjuras
deixa um quadrado azul, borda o branco lerdo.


mil e noventa e cinco dias de procuras     delongas ardidas,

## XIII

a casa e    os cinco assédios
assédios quíntuplos.    eles e eu

aos cinco    pai hoteleiro
tio falso hóspede,    dedos esfregam a fendavirgem
vem cá lindinha.
toda tarde.    melada sem cama    com segredos,

aos sete    no jardim
homenzarrão falamansa falo na mão
quero te chupar.
escorre a flor amarela apanhada pra mãe.    escorre,

aos quarenta e três    na biblioteca, a esposa ao lado
quero dormir com você tesuda.
na Alemanha.    de forafico.    sem voz sem molejo sem andança,

aos setenta e um    o amigo quase irmão
mulher linda linda mulher
quero você na cama.    no face in-box,

aos cem    enfim na cama aguarda o quinto
assédio    cede    dias    sábados    dezembros,

## XIV

sem pai agudo
com tio des-parente    dedosfartos.
sem palavra amiga
sem sexo anjo
sem lindeza lilás
cinco anos.    introito ruína.

sem flores acolhidas
sem mãe alarde
sem pular cordas
sem amarelos dia a dia
o falo fala.    sem jardins nem pétalas
sem pistilos d'alegrias,

sem livros   sem letras   sem conversas.
sem dormir   a cômoda arrastada tranca a porta,
sem país sem solo sem respiro   sem esposa.
sem o marido da outra.   de forafico.   ardo medos,

sem amizade sem estima    com lindeza engolida
sem presença    sem acaso.   sem rodeio.
sem carinho    sem liame.   com décadas

rugas  rendadas  murcham  idades,

## XV

a casa     os queixumes e eu.     e eu rasgos
todofim de semana     todo mês     tantos anos
a garganta a barriga o arroto a perna o peito
a casa cheira exala pulmões     imprime paredes gases
cinzas nada leves cruzam
a sala o quarto a cozinha     o banheiro,
o jardim, o espelho, a tomada.

os gemidos as lamúrias os ais
espancam tijolos caídos,     chãos batidos terras roxas.
camas dormidas nada sonham     nem somam vidas.
comidas fósseis andam
sem gosto     sem nariz     sem língua     sem espirro.

os lamentos  os catarros  as gosmas     os limos
sem visgo     sem pregança     sem fiapo     sem casaca,
com nojo de cortar com faca,
com asma de marimbondo,
com suspiro sem açúcar sem assar sem casquinha dourada
com desdém a gosma farta
a casa     os queixumes e eu
n'eles enfiada     sem fieira de peixe que escapa,

# LIWESJU

## XVI

a casa o túmulo    eu na casa finada
resmungo a vida    não renuncio à amiga    amadamante.
a flor vermelha de cá    jarra à esquerda    carmim avelã,
a flor branca de lá    jarra à direita    cisne inquieto,
rosas brancas nao duram
rosas vermelhas encarnam meses.

o algodão encova o nariz,
o cabelo sombreia o rosto,
as mãos vazam amarelos pardos,

ana amava thereza que amava ana.
annita mãe,    odiou as duas.    sem cisma de bem,
ana dormira com thereza que dormira com ana.
thereza comeu com gana,    comeram gulas.

*os gatos dissimulam como as bailarinas*
as amantes nada simulam, dançam ventres,

mãe fogo-fátuo queima vento,  amor sem capricho de mãe
*minha filhinha é de vidro.*
fumo um cigarro proibido fumar proibidas meninas.
piso o cigarro esmago.  ouço *uma branca sombra pálida.* ouço.
Lygia Fagundes Telles,   *uma noite escura e mais eu,*
*hoje fui ao túmulo de Gina,*
de L I, de W E S, de J U, frouxos amores longevos,

## XVII

as casas empilhadas   andaime com ardume   sem aurora
ardo tiras de sonhos caseiros   vidros espelhos
casas nada empalhadas   sem três porquinhos   sem infâncias,
edifíciosmuros agóras mais e mais   em todolugar,

céu encoberto velado   sol tapume
olho d'água soterrado   terra sem fronha   cimentos presenças

águas enchentes de lama de barro de vidros foscos
sem ócas sem raça   sem tóca
ôcas passagens   pilhagens de gente   sem jardim sem quintais,

casa sem engenho sem sótão sem porão
      com *precisão de enxotar tristezas*
      *peixe frito pegou a cantar de noite*
casa muro *de vergonheira atrasada*
casa, nem de nhô augusto nem de estêves nem de matraga
casas rosas de guimarães, vermelhas amarelas
*fita verde no cabelo*,   pastos das minasgerais eu era,

casas muros moram hojes,

*multidão encachaçada de fim de festa*
cigarros roucos  ninhos azias  sem ninguém  sem miragem,
noitinha sem novena
noitinha sem côcegas
noites  gritam  agitam  cupins  grilos  salamandras,

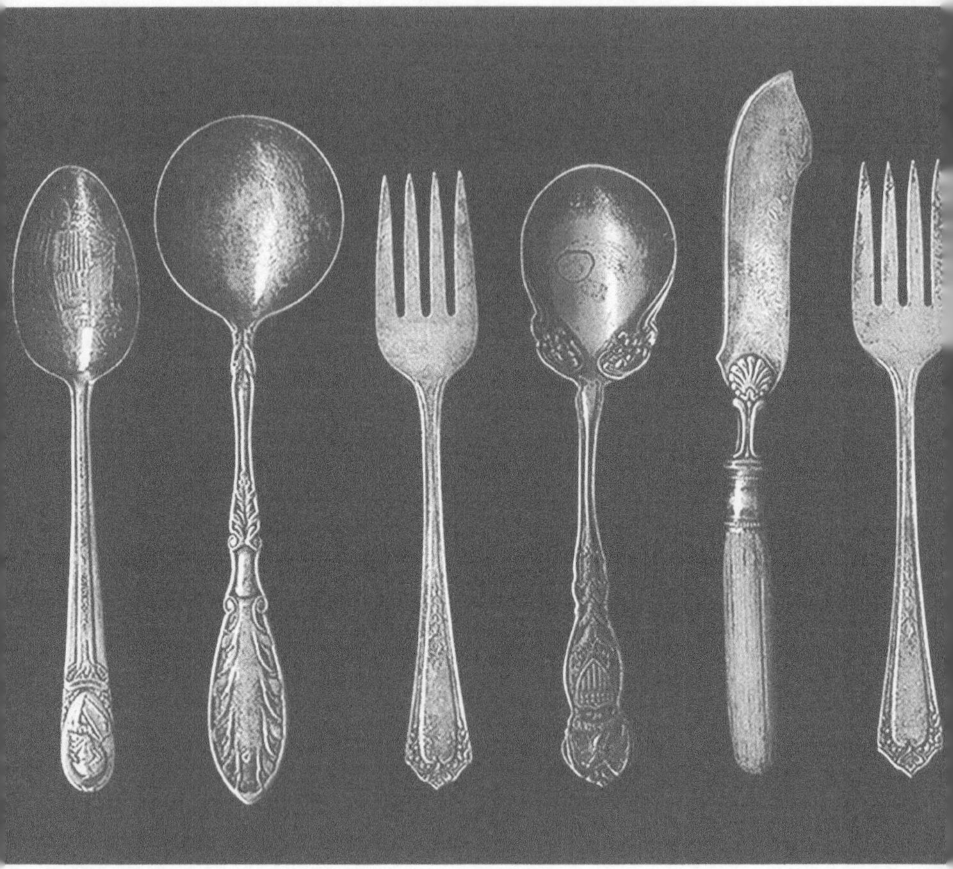

## XVIII

a casa o garfo a foice o ancinho   e eu

o garfo garfa a garganta o palato as costas
gralhas gargalhadas,

a foice enforca a noite
corroídos venenos,

o ancinho anda mancos passos
sem garfar   sem forçar   sem passear,

a casagarfo carna  as carnes,  traça migalhas
duas  três  quatro  pontas de garfo  podam   aram versos,

a casafoice lavra palavras curvas
apaga acentos crases reticências,

a casa ancinho rastela torpes vizinhanças
rega sonadas amizades,

a casatridente veste grita sementes pardas
sonega entrincha   luas manhãs invernos,

a casa o garfo a foice o ancinho o tridente
e eu,
*a noite escura e mais eu,*

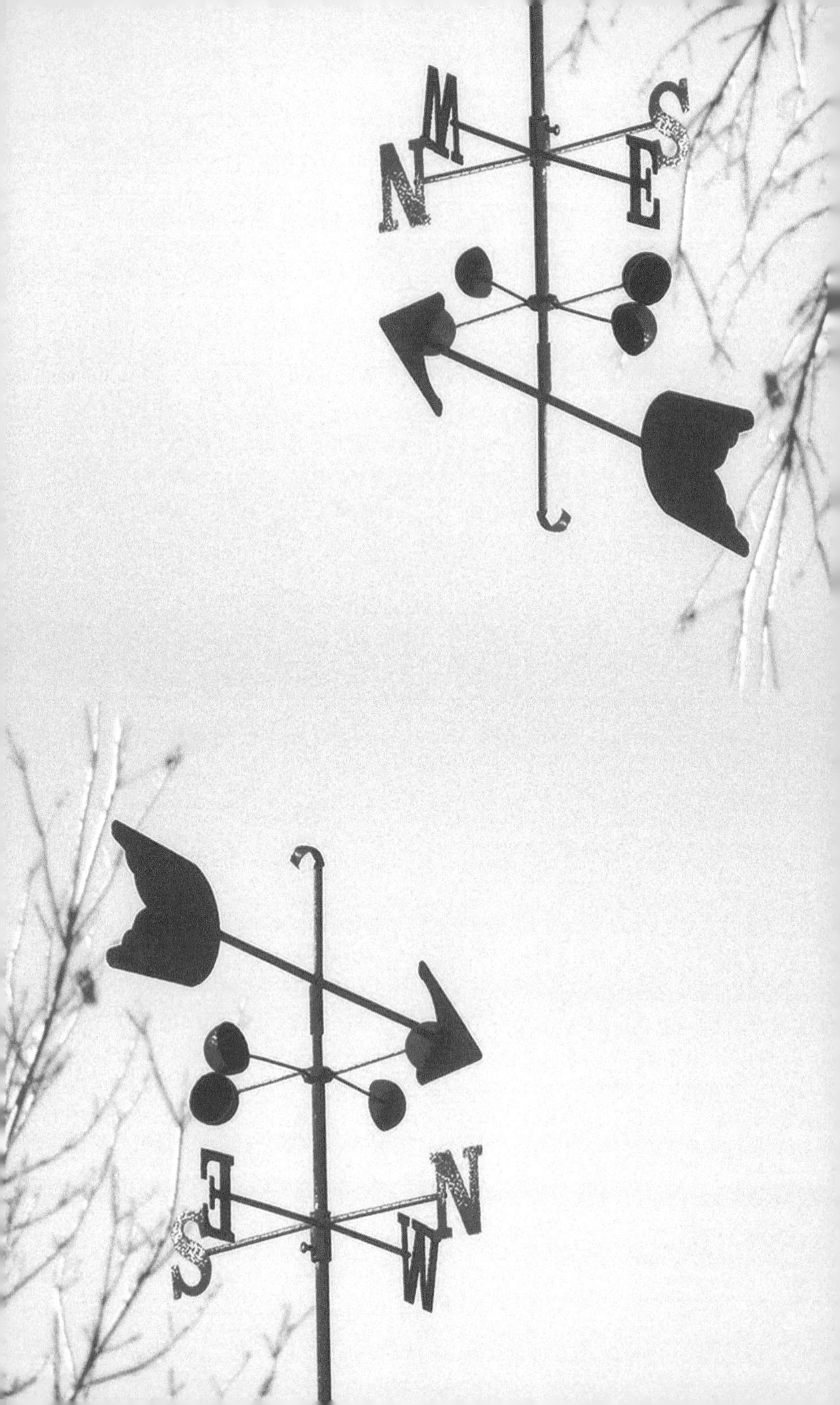

# XIX

a casa as cartas carteiam    sem ás sem valete sem rei
eu sem cartas escritas    desnudas    des    veladas,

a carta branca  alforria
a carta negra  apedreja
a carta azul  sanguinoleia
a carta verde  apassaporta
a carta laranja  não alaranja os laranjas,

a casa    e eu    e nós
sem líderes
sem representantes
sem militâncias
sem aparelhos
sem instituições
sem burocracias
sem receitas
sem éthos,

a carta pratica    transgride incertas vozes
descarteia  lugares  espaços  pessoas    luas novas,

a carta na prateleira da copa
recebida,    fechada,    espera dias,
o primeiro arco    o mundo ludens,
odeio cartas    odeio escrever cartas    odeio receber cartas
amo cartas,

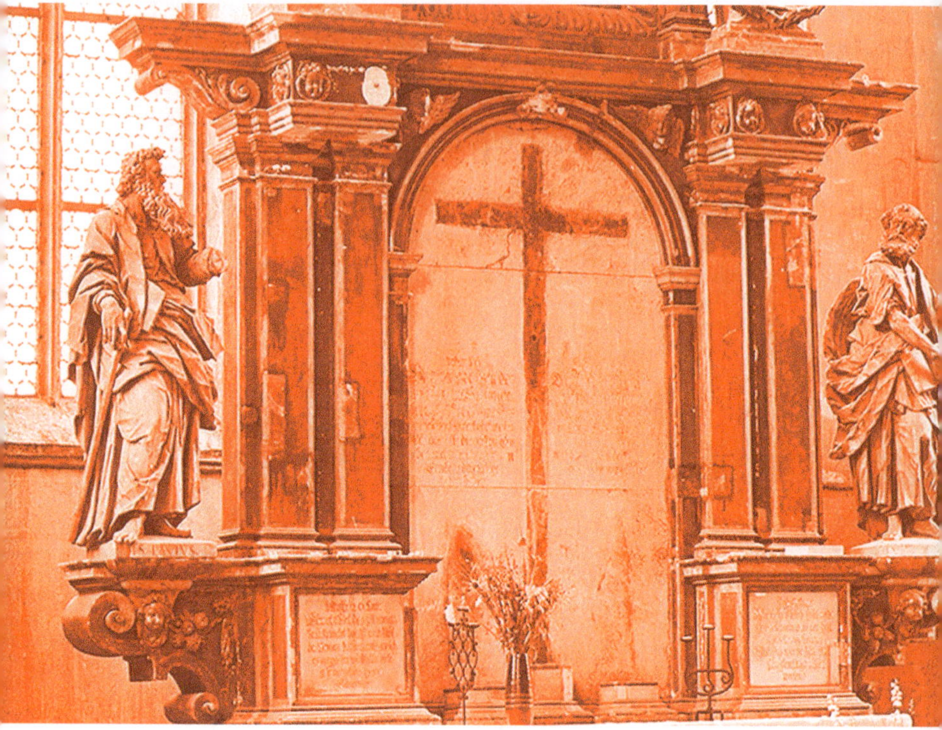

## XX

a arca   sem casa transborda  baratas raras asas    e eu?

a casa arqueia cabeças degoladas,
pousa gorduchas noites,
passa asas a ferro asas passam
baratas anciãs borboleteiam diasmundos,

sem nojo sem corpo sem viés
sem braço tosco   o ferro arde.
gorduras passam livre   noites infâmias
carcaças rolam cabisbaixas,

barata cava necrosa toxina,
arca sem paraíso    sem lugar parado
anjinhos rosados sem sexos tocam harpas,
camuflam minutos nada barrocos,
sem crias   sem brasas   sem gozos   sem saídas,

a arca nada pequena nada gigante
um fundo  duas alças  três tampas   destampam,
a casa de loreto era,    sem bramantes    semsegredos
sem fagulhas sem pistilos d'alegrias   de forafico,

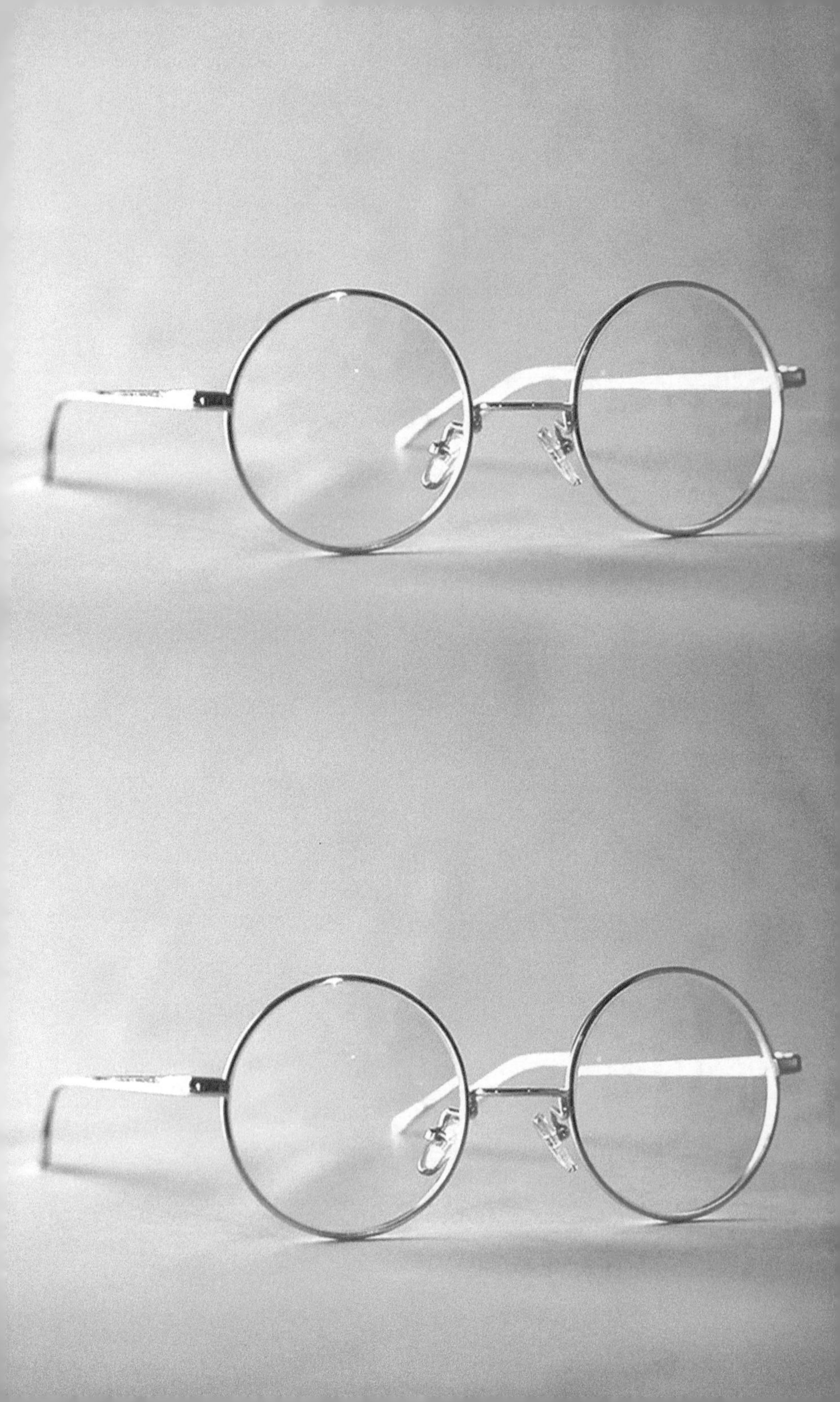

## XXI

casas passagens   na rodoviária   de cá   de lá   de onde vier.
coisas   se azuladas roubadas,
roubarias   deles  e delas,
o lenço do mágico, os óculos da velha, a passagem pra mariana,

bebês de colo em colo quase crianças a chegar,
se vestidos de azulpingo    em correrias carregados.

sem mãe    sem berço    sem parentes,

chicletes chupado.   se língua azul    a língua é tirada
sem fala sem rosto sem gula   sem guia,

botijão de gás se outra cor, ficadentro.
sem roubo.
se azul   finado sem peso    sem barulho   escadarias abaixo.

vestidos  camisas  bonés   azuisfartos.   roubados
casacos azuislargos    negados sem cessar
a nudez desfia    as meninas   as mulheres    os rapazes,
peles gélidas    sem frieza    e eu aonde,

azulpingo    azuisfartos    azuislargos
roubados, roubos de azuis-em-azuis,

coleção de azuistirados    vendidos em férias,
tons afanados   sem volta   sem ir   sem já,   sem chegar,

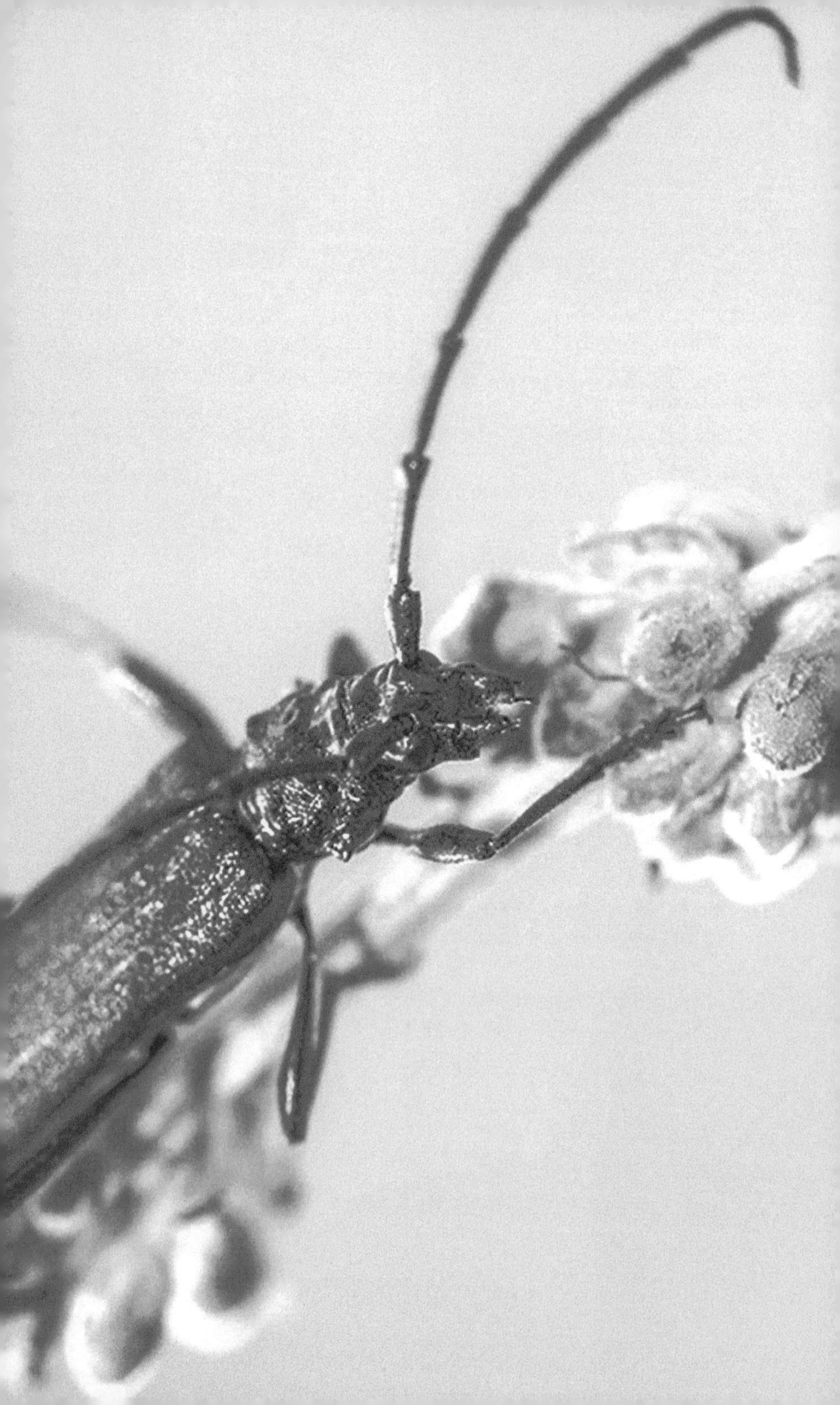

## XXII

a casa    âmbar almíscar    cheiros animais exalo
íris    flor de laranjeira    canela    partes íntimas penetram
peles bochechas largas tranças    tramam truques
filhas dos banhos    bacias gamelas cuias,
a casa ecoa virgens donzelas,

casas de passagem apimentam alcovas
sem despiste    sem minuto    sem distância
quarto de dormir    com pavores    cama toxinas
peles venenos    pelos soltos    leitos sem leite,
sem ama    sem fresca    sem manhãs,

o quarto do hotel com tio des-parente
*sozinho no meu quarto de dormir*    arnaldo antunes
sem esposa amada amante,
o quarto do rei morto rei posto,
teseu que derrotou minos que perdeu a viúva que amou teseu,
o quarto de areia, criança síria na praia
sem parede sem cama sem ama sem anamárias.
o quarto dos enfermos sem música sem rastro sem chuva sem veludo,
o quarto de despejos sem dança sem parada sem escuta sem respiro,

a casaquarto    âmbar almíscar íris laranjeira canela    nada exala,

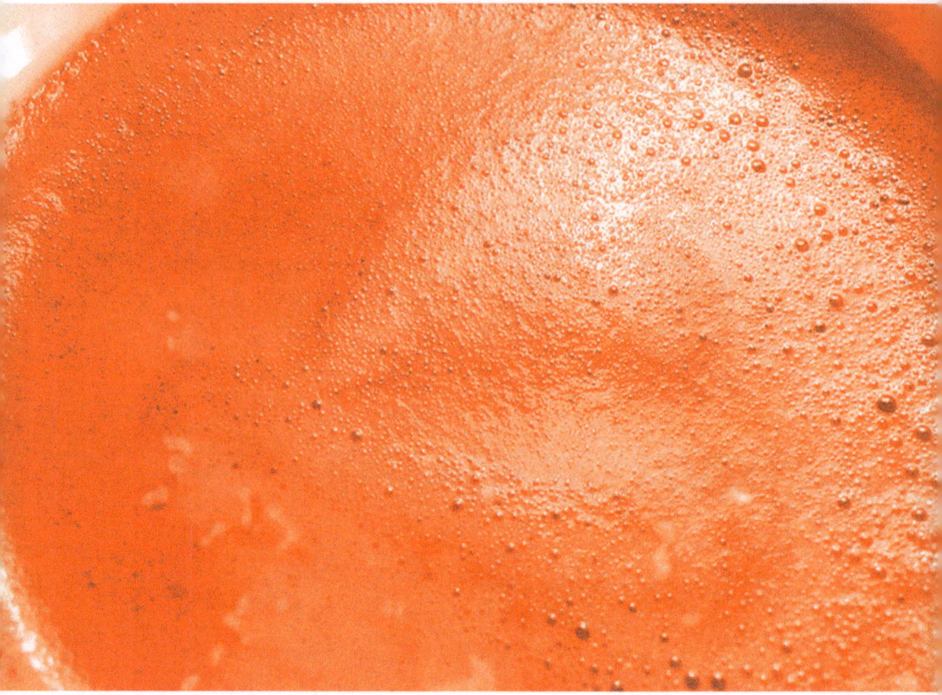

## XXIII

a casa o quintal o jardim a jarra o pires    e eu

no quintal    areia penteada rastela mãos ardentes,

no jardim    tapetes papoulas holandas    choro cores de muitos longes,

na jarra    brancas flores, tintura anilina,    avermelham,

no pires  nas águas decantam decalques antigos    vejo ontens,
a casa    sem bebês    sem ventanias,
comquintal    comjardim    comjarra    compires    comlâmpadas,
o pires    acolhe águas de goma arábica antiga,
as jarras    tingem as flores nada mortais, não mais abranqueadas.
os jardins    guardam segredos inquietos, nenhuma calmaria,
os quintais    de mortos congelados fatiados queimam vísceras peles corpos

cremada    levara consigo a casa o quintal o jardim a jarra o pires,
a vida com asas na casa, nada vazia, no quadro, no fogão, na mesa, na torneira
a água pinga pinga pinga,

## XXIV

a casa aos trancos    traquinagens    brinquedos    e eu
brancos anéis brincos colares saias cintos
botões em vidros. coleção inacabada.
botas não abotoam
cintos não cinturam
saias não ensaiam
colares não colam
brincos não brincam
anéis não anelam dedos,

brinquedos escapam horas e horas    eu nada brinco,
traquinagens ao largo    não me alargam,
trancos não atacam tanques,
casas não acasalam    sem filhotes    sem pinças,

coleções inúteis    sem serventia    sem função    sem doenças,

a casa dos botões
    das bonecas
    dos toquinhos
    dos anéis passados de mão em mão,
a casa dos cintos afivelam meses cindidos
    dos vestidos vestem primaveras verões geleiras,
a casa dos morros uivantes poema em praças    cidades    nuas,

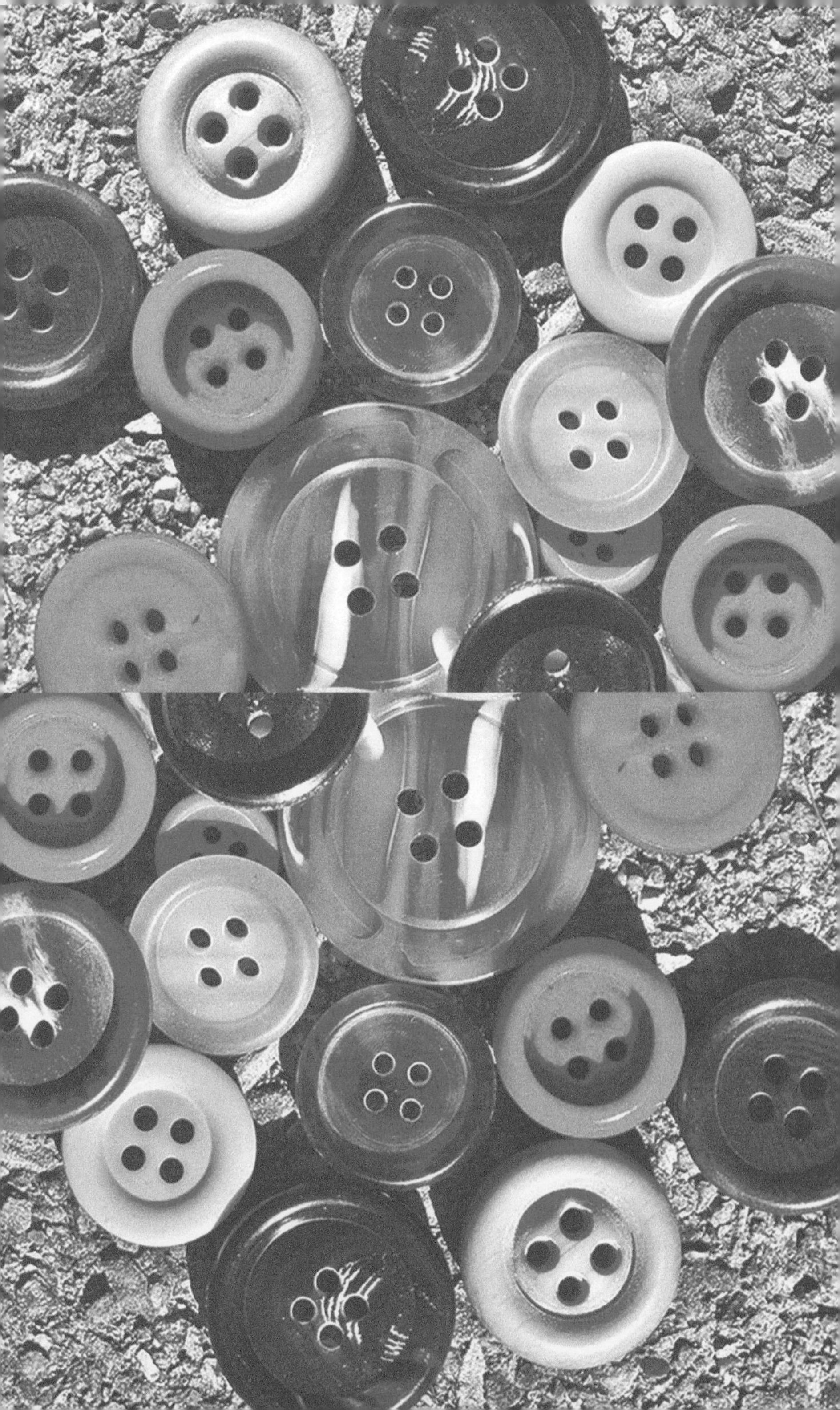

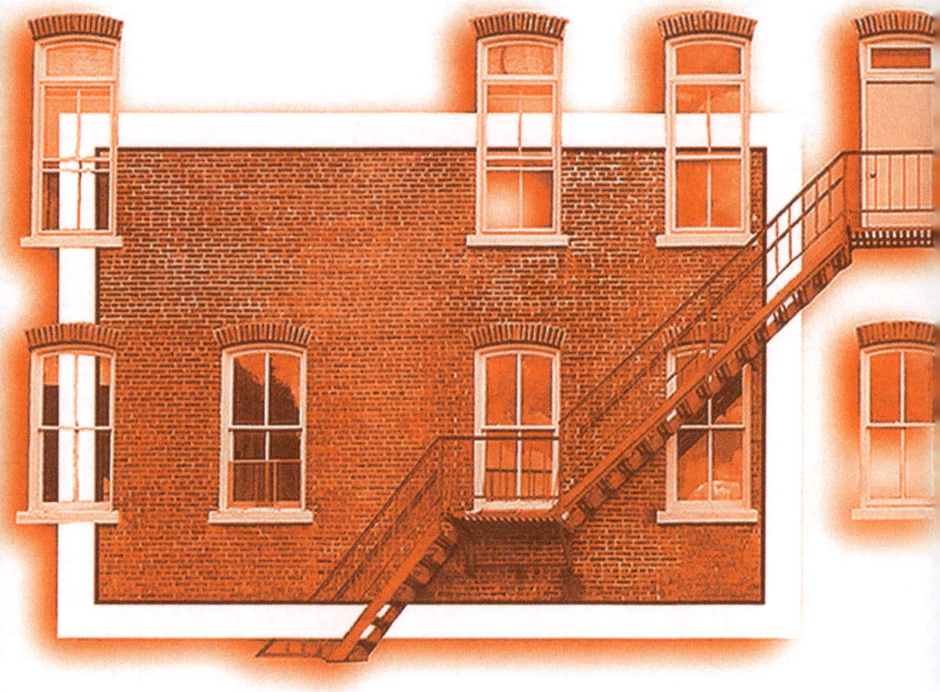

## XXV

a lonjura    a casa das onze janelas,    todas pra dentro
nenhuma pra fora    de forafico,
a casa das sete mulheres mudas    nada miúdas,
foradentro    dentrofora    cá dentroforadentro,
quilômetros    distâncias livres    de ventresfora,
onze janelas    palacete belém do pará    pele águas do guajará
do mercado ver o peso    de ferro  do peixe  do camarão seco
das farinhas  do açaí  do saco de peixe boi  das erveiras
dona beta cheirosinha doninha donana    muitas anas nada miúdas,


Antônia, Senhora Caetana, Mariana, Dona Ana, Rosário,
Perpétua, Maria Manuela  cartas diários    sem vento    sem abano
sete isoladas confinadas    sem ventre livre    pobrezas sem confeitos
dia a dia   cem dias    sem sabores    sem lusco-fusco,
africanas, milhões costuradas    sem ventrelivre
sem corpo solto    sem anca dançadeira    sem sangue corre solto
africanas meninas nadamães    escravas d'homens escravas
encravadas nas entranhas    sem risadarias    sem gotejos d'alegrias
sem bambezas    com torrentes d'alergias    sem mangue sem raiz,

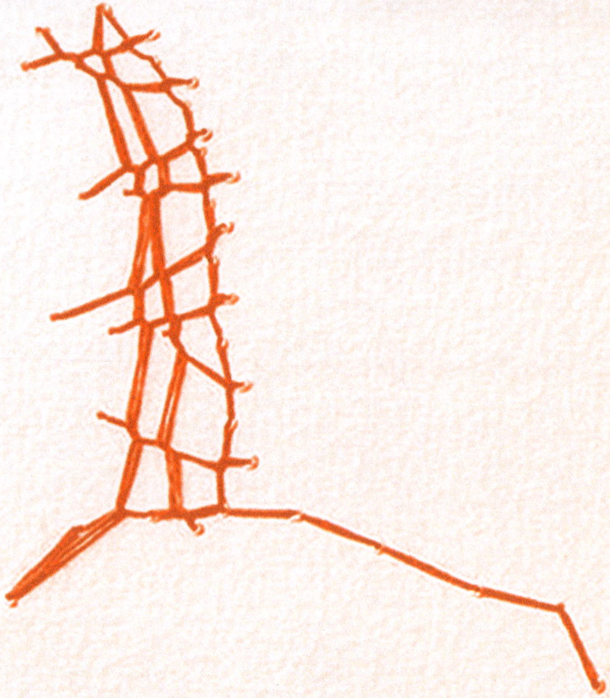

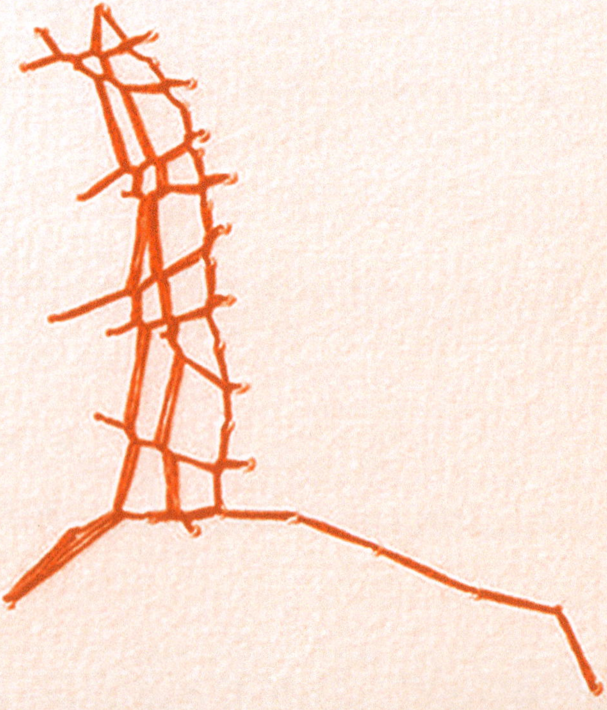

## XXVI

a casa   a mãe seca lágrimas   não, não seco as minhas
        a mãe brinca cozinha   conta histórias
        a mãe estômaga   lava ama trabalha arde
        onde se esconde   e nada vive,

a casa   caseada sem cafuné   sem pingo de café
sem vinagre   sem fiado   sem costura
sem céu de onde sai o dia
sem escuro de onde sai um poço sem fundo,

lágrimas de pessoa antiga sem casa
cozinha de assassinato apagado sem arco
estômago de pessoa que apaga lento sem ás,

seca brinca lava ama trabalha arde nada esconde
vive caseia fia sai   vai   sem vir,
a casa pela pessoa   sem apelos
        vela espírito muito morto   sem rastelos
        tira pessoa do país pra rua   sem tiros
        fala brancos pardos   sem molejos
        abre frestas amarelas   sem rodeios,

a mãe  a casa  a casca sem casaca,
sem trato   sem fiapo,

moléstia
moléstia
moléstia
moléstia
les

## XXVII

a moléstia das casas molesta as meninas
sem muletas    nuas sem fim    pedindo aragens
ele molesta    ela molesta    eles elas sem nenhuma modéstia
molestariam    molestaram    molestarão
décadas séculos idades da pedra idades de agoras,

as moléstias século vinteanas continuam nuas nas ruas
nos parlamentos    nas américas latinas    latem árduas democracias,

as moléstias    século vinteanas mais um    esburacam definham vidas
acovardam potentes ladrões,
apoderam poderes latríneos,

nada assopram    assolapam direitos    lesam ardumes
nada respeitam    assediam instantes potentes.    Nada respeitam.

as moléstias século vinteanas mais um    continuam nuas nas ruas
nos parlamentos    nas américas latinas    devoram democracias,
instalam democratites flebites artrites pestes    invadem.

panelaços de fugas    de não querer pessoas acesas,
                         de não querer dividir    ganhos em caladas trevas,
                         de não pensar no outro    só roubarias sem pestanas,
                         abcessos    pústulas    sífilis,

a moléstia dos dois séculos molestam pessoas povos etnias
sem dó    sem parcimônia.    Com desprezo.

as moléstias despovoam as pessoas e povoados,    que nada voam,
a moléstia das casas cadeados fibrosam mortes nas cabeceiras,

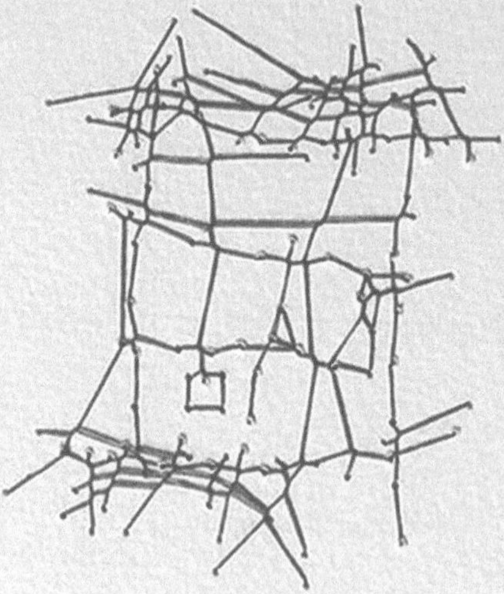

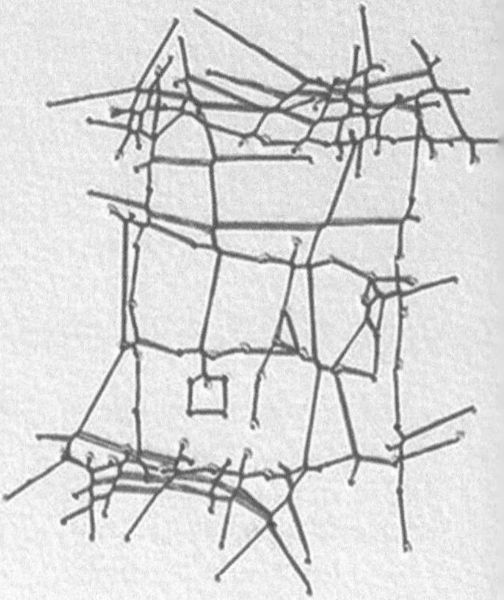

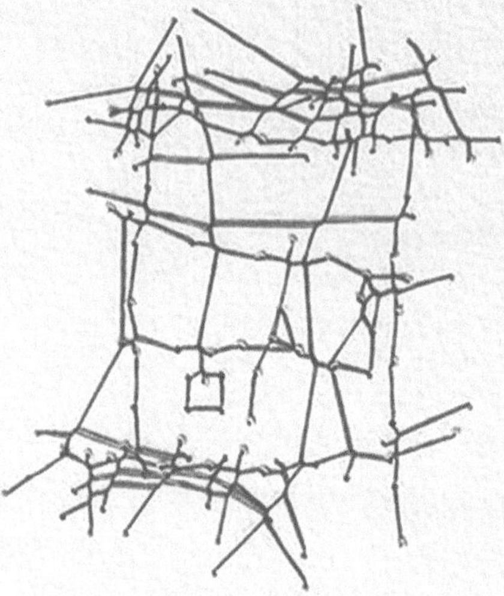

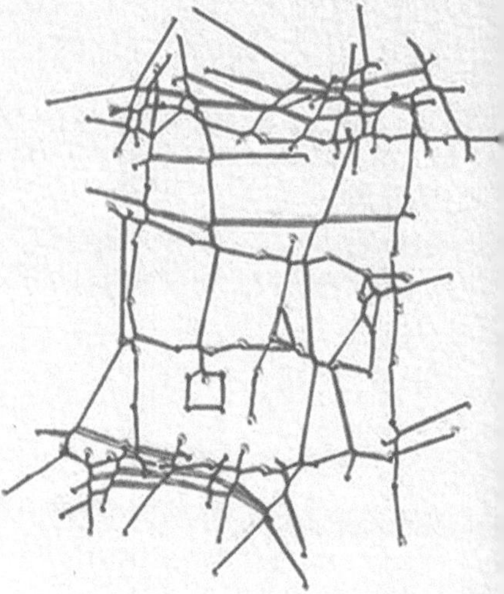

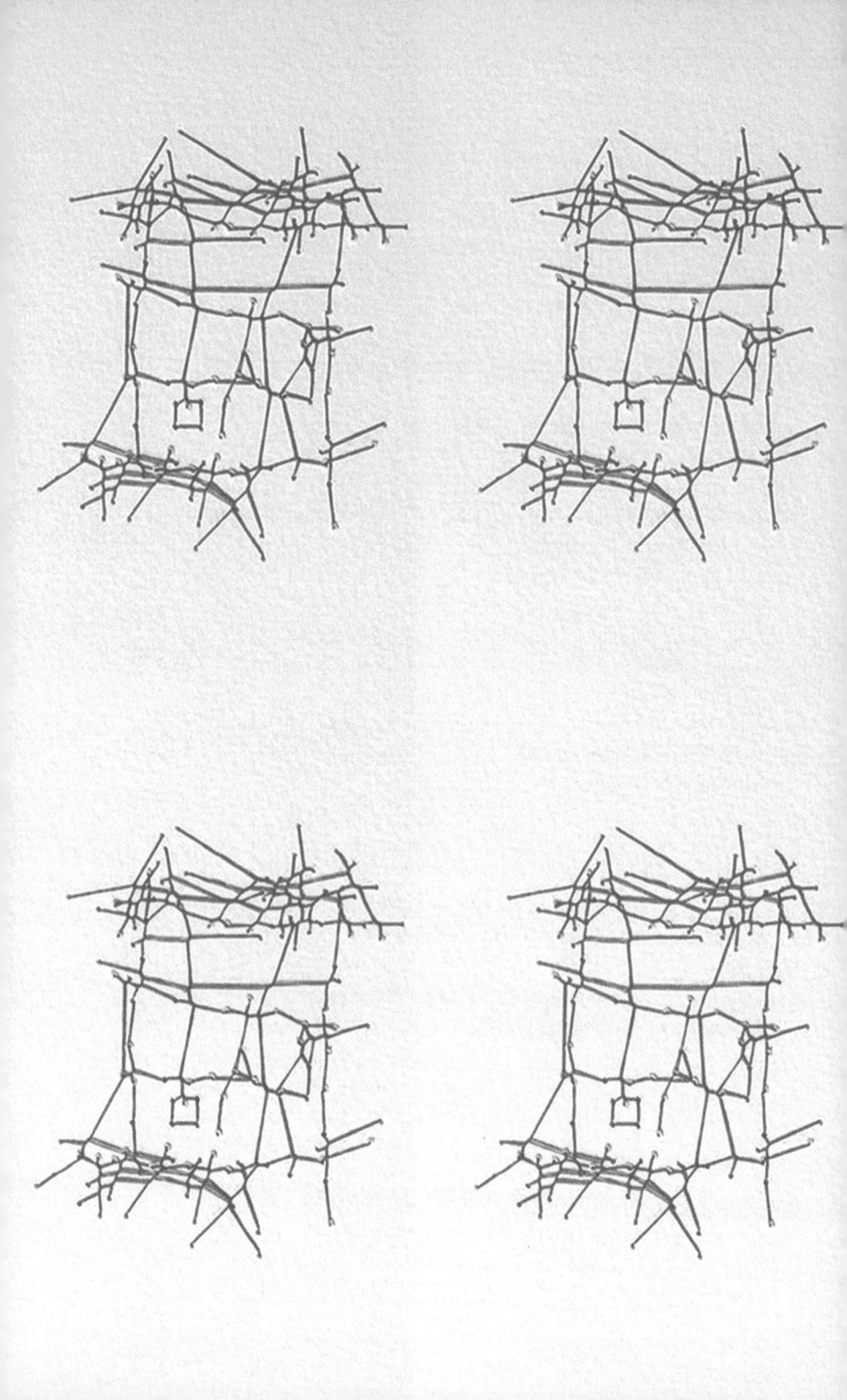

## XXVIII

a casa do jeito torto que sei fazer,
    da água que tudo escapa,
    do silêncio que espanta   berra   e canta,
    do morrer antes de nascer,
*por certo hei de morrer,*
a casa do silêncio que não corta, fura
              não engole, cospe
              não silencia, urra horrores
              não mede, estraçalha amorios,
*só me resta morrer,*
a casa da janela suspensa que não sei dizer,
    do dedão do pé de feijão que não consome,
    da mudez que escapa   avança   e vigora,
    do viver antes de nascer,
*sem falta hei de morrer,*
a casa
    sei de morrer   nada morrera   nada morrerá,
    sem cantares de sulamita, sem daltons trevisans,
    *já sei que hei de morrer,*

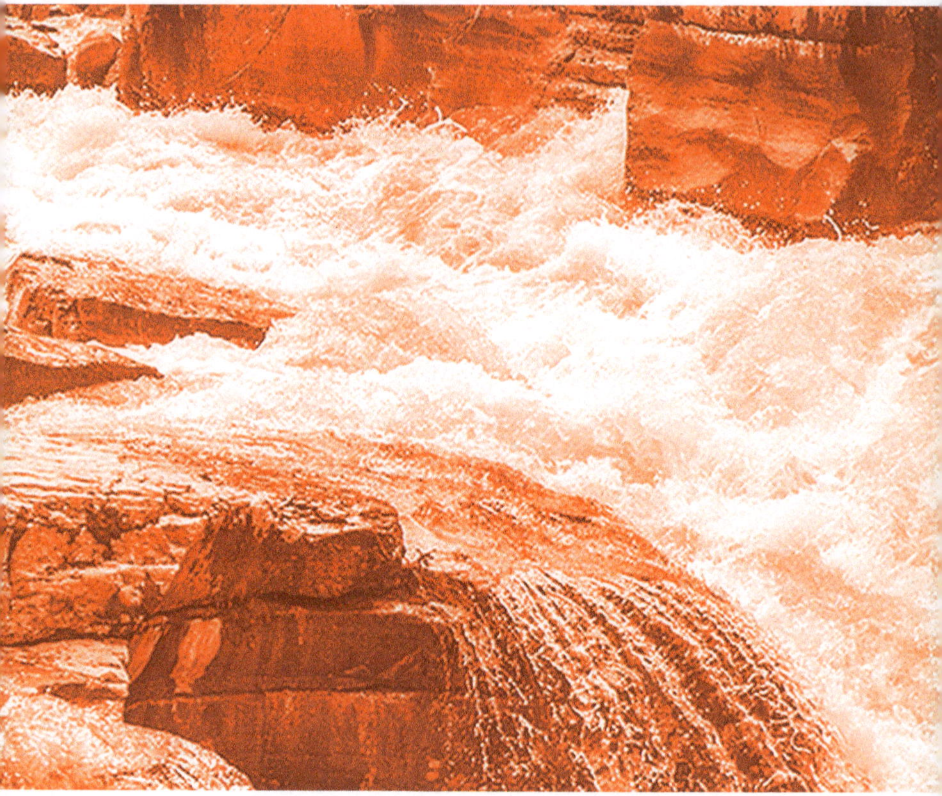

## XXIX

na casa choro os umbigos que não tive,
      oro pelos infernos que criam,
      rogo letras que estranham palavras,
      urge um congresso e um senado das éticas,
      em brasis de agóras,

rogo
oro
choro,

choro
ogros dias,

oro   rogo estesias   estéticas   éticas,

pelas casas e casarios   não às caçambas, às caçapas
                        dos desvios e desvarios
                        não às caçambas, às caçapas
                        que cortam a cabeça de uma presidenta,

rogo rouca
      nas casas rios de passagens,

oro   rogo éticas,

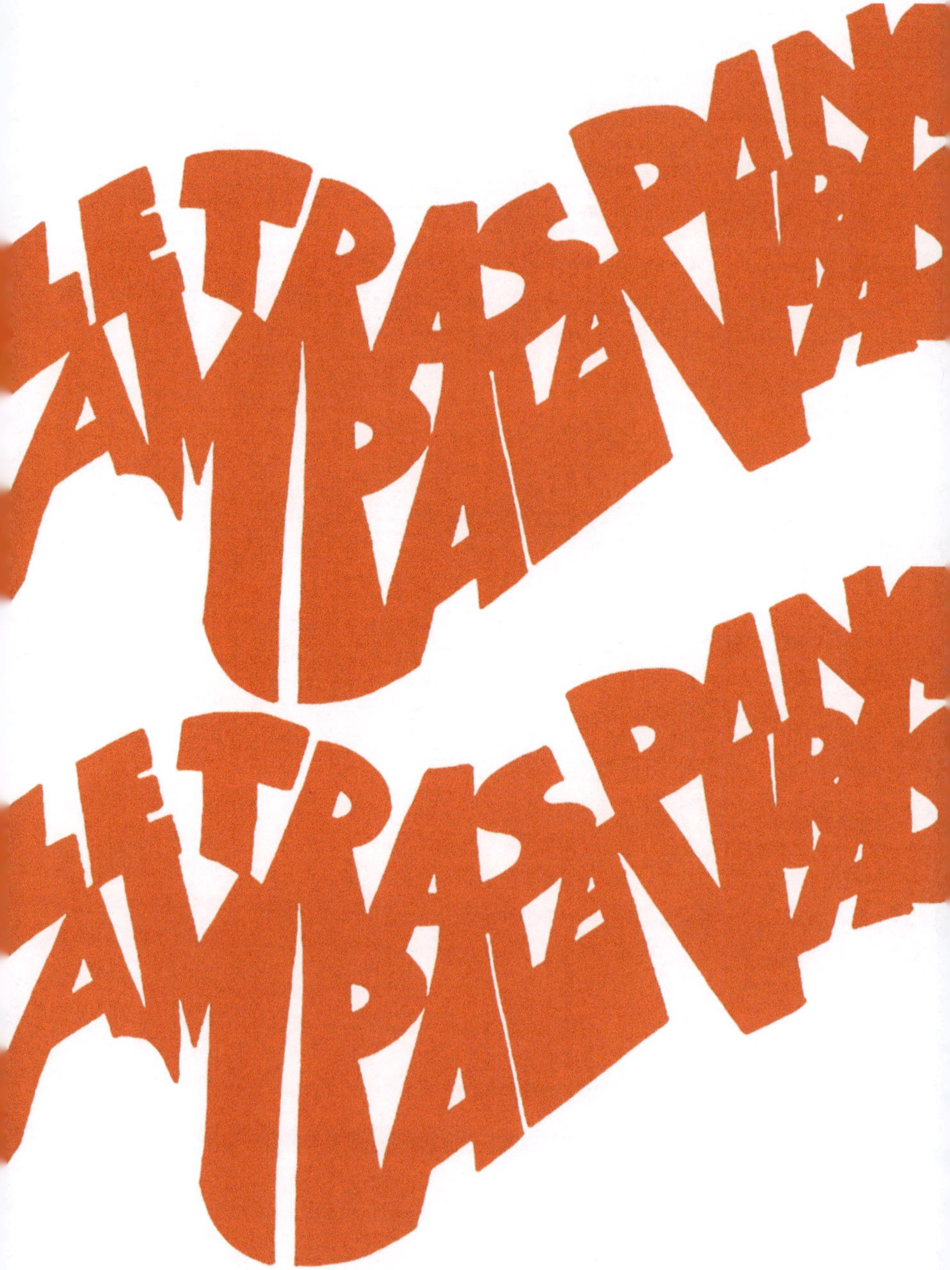

## XXX

caracol    a casa    a casaca    o sol
invadem  inventam  sustentam
a vida na casa    e eu,
suspensa    atenta    suporto
esforços    cortes    sem holofotes,
sem casas    nem sonada    nem caseada
olhos vidraças,    olho    anoto    oro,
a casa    aos dezoito    muitos coitos deitam fogos,
            as losnas comem    muitas horas    amam flores,
            as festas d'alegrias    escapam sem riscado    sem faísca,
a casa nas costas carrego    cem anos de assédios,
                            cem casas de parir,
                            cem casas lamas,
                            cem risadarias na casa caracol,


*caracol é uma casa que se anda*
*e*
*a lesma é um ser que se reside.*
sou caracóis de Barros de Manoel
vivo lesmas de manuéis em barros,

Esta obra foi composta em MetaPro 9 pt e impressa em
papel offset 90g/m² pela gráfica Meta.